Apuntes sobre Weyler

Waldo Pérez Cino

Apuntes sobre Weyler

bokeh *

© Waldo Pérez Cino, 2019 [primera edición, 2012]

© Fotografía de cubierta: W Pérez Cino, 2019

© Bokeh, 2019

Leiden, NEDERLAND
www.bokehpress.com

ISBN 978-94-93156-03-6

Upon old roads the steeds of rain
Slip and slow down and speed again
through many a tangled year;
but they can never reach the last
dip at the bottom of the past
because the sun is there

V Nabokov

I.

La letra que debajo

¡Los poetas! –barrunta y se recuesta–,
¡Las palabras! –y suspira, se abanica.
Los poetas, me dijo ayer, sólo declaman
como niños sus rimas nuevas, los poetas
escanden las sílabas como quien muestra
un juguete robado o un dibujo
que estará en un rato hecho borrones,
vuelto jirones tras el tiempo
de jugar con los amigos, de mentirse
tesoros ajenos bajo la pausa
breve del parque y la hora del recreo.

Las voces, el tono con que recitan las palabras
no se parece a las palabras: las palabras
la letra que debajo
alienta, la que se deja poner
lo que se deja, quiero decir,
adivinar bajo la voz, bajo el resuello del asma
¿a qué se parece? Debajo de la voz, debajo
de la palabra, ¿qué es idéntico a cuál nombre,
o es que acaso cabe algo, qué transcurre?
Algo que no sea
la ficción, se entiende, de la página:
alguna sombra cierta, alguna cosa
que no sea el estupor de quien escucha y trata
de entresacar bajo las voces un milagro.

Bajo otra forma del sosiego

Una vez, ya cerca de El Escorial
Montoro se volvió hacia ella y dijo que la amaba
o dijo cualquier otra cosa parecida
(una consigna más bien o un gesto
que abriera las puertas del deseo).
No estuve allí. Ella sí, claro, y ella misma
me lo contó luego, primero titubeante
y por fin suelta, al cabo de su boca
los detalles que los dos sabíamos
peor imaginados que ya dichos.
Primero titubeante, instalada
primero en el se puede. Un regalo
o simplemente la vida como sale
de la boca en las partidas, lo que hay.
Aquel día, dijo, no tenía intención
de acostarme con él, más bien buscaba
otra cosa al besarlo, quizá fuera (dijo ella),
otra forma de seguir la conversación,
de proseguirla. ¿Sobre qué hablábamos?
No sé de qué hablábamos, la verdad.
De todo un poco, creo, de música
o de cosas por el estilo, nada en concreto
ni nada demasiado trascendente,
ni mucho menos algo que cupiera
bajo otra forma del sosiego, bajo alguna
otra línea distinta y majestuosa.

Marfil del sueño

Apenas sombra leve, cuerpo extraño
siguiendo el roce o la marea, pleamar
de un cuerpo conocido a la intemperie.
Roce o miedo, su desgarro: nada lejos
ni tan de cerca que duela
cuando no debería, menos cuando nada
tendría a qué sumirse en duelo
en callada posesión ya arrebatada
de sí misma, esa querencia
sin objeto ni sombra, sin ceguera.

Mentira extraña de lo cierto. El aquí duele
aun cuando se lo atraviese sobre el fuego,
aun si plantas trémulas sobre tizones encendidos,
los rescoldos negros del fin y la ordalía
que no aventan las preces de la vuelta,
ni la mirada que ya se sabe irreparable,
y la vuelta ya otra en la certeza de lo visto.

Y cómo va urdiéndose en la espera
bajo esa ansiedad, bajo tal forma otra avidez:
otra certeza y su doble, tan precisas
cuando en cambio lo que gime, lo que duele
es ajeno o extraño, es sin tenencia
ni ancla ni arrebato: una sombra sin figura
donde quepa trazar perfil o línea,
marfil del sueño, anclaje en carne.

Mayo

La lluvia, la belleza, la turbia melodía
de la lluvia golpeando en las ventanas
manchando de a pocos la fachada
del edificio gris de enfrente. Goterones
como pájaros o látigos, como prisa
de mañana revuelta entre las sábanas.

La incrédula

No sé bien, dijo, todavía lo que quiero.
Sé que te quiero y mira tú: no sé bien
qué hacerme contigo, tan poco claro todo
en torno al hecho, al pulso de tu amor.
Sé que te quiero y mira, en cambio
no consigo creerme que te quiero.
La incrédula, ya sabes: las historias
difíciles que vienen del pasado. No quiero
perderte. No quiero creer, no puedo
creerme que sea real, que esté pasando
que me ames así como me amas. O sea:
tengo miedo. Siento miedo, dijo,
sobre todo del pánico. Pánico
de hacerlo todo mal, miedo a que haya
un agujero en el lugar de las certezas,
un sitio vacío como un nicho o una tumba,
a que todo sea mentira y no se pueda.
Lo siento: sé que te lo he puesto muy difícil,
sé que tú consigues
verme casi siempre o es a veces, sé que yo
sé cosas que no consigo
poner en palabras ni en un orden,
un rimero de sentido que no hay cómo
poner en una persona sola o una vida.

El arca (Génesis VII, 17)

No eran ya los diosecillos menores
de la cercanía, la mano que engasta
una preciosa gema en el hábito del adiós.
Ya pasaba como un río la piedra negra,
la piedra del silencio.

El paréntesis que la mano diluía
no era ya trivial entre otros rostros
hasta la próxima plaza del encuentro.
Ya no era como un gamo acariciado
la noche tácita del encuentro.

Ya no se demoraba en la ventura
la conversación a la sombra del árbol
ni la sombra del árbol era un juego.
Ya ni la detenida plata de la letra
incoaba la férula del cuerpo.

El mundo y la muerte entonces se anegaron;
el arca de madera de gofer por mucho tiempo
quedó esperando sobre el pasto
y mucho tiempo más buscó sobre las aguas
las formas de un cuerpo conocido.

Acercándose al suelo Babel se encandilaba,
trepando al cielo Babel se contraía.
Pero aún no era Babel, la última atalaya

no estaba para el centro del esfuerzo:
ni siquiera entonces Babel era el fracaso

y las preguntas ya no eran necesarias:
¿Cuánto demoró la barca el tránsito,
quién, sobre cubierta, sintió otra vez
el dulce olor del olivo, quién fue el otro,
el que ya no está, el que está muerto?

II.

La presa

Cuerpo del principio, víspera
del segundo aquel donde todo se suspende.
Cuerpo colgado de su hambre
del instante aquel luego del salto
y previo a su espera, la fiesta prometida
sin consuelo tantas veces. Cieno
o ávida tierra, limo fermentando
el momento dilatado, el momento
pospuesto tantas veces, la derrota
que han pregonado furibundas voces
voces idas
clamando en la urbe la multitud del cisma
de la voz y del miedo, de la voz
y el deseo, tremor del cieno cuando traga
a la presa dormida
el magnífico animal que se aventura solo
que se entrega a la muerte
con los ojos cerrados, con los ojos
cubiertos por el velo extraño de esa paz
de ese momento donde todo late
como tierra batida, como arena
tan ciega como el muerto
que no ceja ni se empeña
ni se abandona a su final vencido.

Un modo

Piel, trasunto en la figura
de pechos en la forma, la manera
de pechos de hace un siglo: un modo
de la carne sobre el cuerpo,
la densidad quizá
que cobra la carne en el collodion.
Pero no, si hay más debajo. Debajo
o bajo esa manera que tanto
la turba ya de verse, al paso de las páginas:
una manera que a todas luces no parece
hacerle compañía, ella tan ajena
y tan extraño su molde como extraño
el temblor que ante el espejo la recorre
o como el sueño ahora, tan ajeno el sueño
que pareciera haber sido siempre de los otros
o de otra la voz donde no se reconoce.

III.

El agrimensor

De noche por el tramo que media entre la casa
en lontananza y el bosque: no hay senderos.
Ni un prodigio ni una decepción ni una ausencia,
sólo el miedo que atenaza ante el espejo
como un bocado por sí mismo: miedo al miedo.
Y la culpa: bendecida como racimos de flores negras,
como racimos
de uvas negras que se bambolearan al borde
de un sitio que no existe, del camino que no hay.
De un sendero, dije, de uñas rotas
pero creo que no quiso contestarme.

Nada, poca cosa. Ni trillos ni luz en lontananza,
así que no hay atajo ni hay entonces
salvo el despeñadero de la duda, el tránsito del peregrino
que desdeña los mapas y asusta la certeza.
Una certeza tan cierta, dije, como escasa de tiempo
y los senderos si los hay son el secreto
perdido desde siempre en la boca de los peces
(porque sí, porque hay un lago y en el lago peces:
un plato calmo de agua donde abrevan
las bestias a la orilla, donde acuden nocturnos
por alimento a veces los carnívoros). Entonces,
si es entonces, créeme: búscate mejor bajo la copa
mediada de vino blanco, sálvate en la copa
sin sangre simbólica y nada que decir, sin nombres,
un grial sin redención ni jueces,

la copa sobre la mesa donde los días se reparten,
la mesa aquella de llegar y la misma de Ya es hora.
Unas horas (convino) sin relato y sin entonces,
sólo el tramo
que media entre la casa de los sueños y el lugar
impreciso donde el agrimensor calcula
la ilación o el sentido que los llenen, los por tantos.

Los peces

Mejor en las ganas (me miró) o en tu sombra,
en esa copa. Una cierta naturaleza, dijo ella,
de la que nada es sinónimo.

Búscate, mejor —entonces, si entonces cabe ahora—
en el agua donde abrevan cotidianas
las criaturas matutinas despiertas bajo el cielo
ese tan alto que recortan de siempre las ventanas,
que recortan o enmarcan mas no acercan
sin remedio las ventanas, la marea. No hay asuetos
que te acerquen a los sueños la pradera
ni hay ahora ni habrá entonces, menos cuándo:
sólo los peces rozando sus labios sobre el limo
de las criaturas pequeñas. Los labios sobre el fondo
oscuro de los lagos: sus bocas sobre el fondo del mundo
hozando ciegos entre el barro el alimento o el misterio.

El frío

Lasitud de lasitudes. Los ojos bajos: los ojos
encajados en el libro. Las páginas frías, dice,
del libro que acompaña la cuenta de los días.

Afuera cae la nieve. El frío de afuera no es el frío
que nombra la lectora cuando dice
que las páginas se deshacen, se le quiebran
como escarcha entre las manos. El frío
de las páginas es distinto del invierno, ajeno
incluso a la sucesión de los inviernos,
a las estaciones del tiempo. Mira, dice,
fíjate: mira cómo las recorre un hilo
de agua turbia, un arroyuelo. Sigue mi dedo,
mira cómo corre sinuoso entre los pliegos
un canal de sangre y de mentira. El sinsentido
aloja en sí mismo todo el mal, toda la ciencia
donde cuaja el dolor, donde se rompen
las vasijas que contienen el agua de la nieve
(de la nieve ahora sí fuera, la nieve cuando cae):
las vasijas que conservan el agua de la lluvia,
el agua del esplendor y de la sed
guardada entre paredes tan frágiles de barro,
las membranas que retumban cuando pasa
cerca el concierto de los hombres,
cuando las acarrean en andas los esclavos.

Mira, fíjate. Hasta la yema de los dedos

se vuelve negra por la tinta, tizón de tiempo
presentido o allá lejos, del tiempo o del pasado.

Mediodía

Los nombres como un río, los nombres atorados
en una pasarela de noches, ese túnel: el pasado,
me dicen, el pasado o lo parece. Pero nadie acuerda,
ninguna de las voces, su momento o su dueño:
nadie que precise su esqueleto ni aun su esquela.
Los nombres como un río, noches
en fila india hacia su término. De una en fondo.

Marcas ¿acaso no lo ves? sobre el pasamanos del tiempo.
¡El pasamanos del tiempo! ¡Los pulidos
escalones del tiempo! ¡El besamanos del tiempo!
Qué rituales
Qué ritmos, se ríe ella, para las noches sin registro,
las vacías. Las que no merecen una muesca
en el calendario del otoño, las de la barandilla
bruñida por la que se deslizan los bromistas.
Míralas: únicamente su verano, la luz sucia
del sol a pleno en cuatro esquinas, su inclemencia
que cierra cualquier tiempo a su medida
y hace la noche más oscura en luz a plomo.

En propia ausencia

A menudo por aquella época leíamos
los libros inacabables y sucintos de Serraud,
las piezas, decía ella, del oráculo disperso
entre las páginas y la tarde o la circunstancia
de una tarde precisa, sea cual fuera.
A menudo exhaustos de caminar una ciudad
que hacía tiempo no era nuestra. Y sí, a menudo
cruzar sobre los puentes, los tabiques,
aun esquivar las vigas o sortear su filo
en nuestra pobre cobija era el fracaso
y la iluminación del adviento, una iluminación,
decíamos, como de ciclones o desastre:
la epifanía de las cifras de Weyler en un campo
cercado por las palmas, una marcha a campo traviesa
hacia un horizonte que tuviera
en ese paraje distante y conocido su ceguera
mejor, y sus mejores celadores. Y su mérito,
sí, todo hay que decirlo, aun su ironía paulatina:
aquella gravedad bajo la que todo se conmina
a una tregua conmiserativa en propia ausencia.

A una pausa en propia ausencia, arrancado de sí:
una tregua en vez de una disculpa avizorada,
en puridad la absolución de la fuga o del final.
Una víspera como la del centurión que vacila
sumergido en agua tibia antes de abrirse
las venas o la de algún santo atravesado por la veta

más oscura del martirio, su senda entre la noche
más cerrada del verano, la más breve:
sorprendido en el trance de saberse, decía ella,
o en el trance de la pérdida, porque extraña siempre
la pérdida al vacío. La pérdida es el vacío, lo suplanta
cuando se trata de salvarla, de vadear su lastre sucio
amontonado sobre el suelo como cajas,
como esas cajas que hacían a menudo
intransitable la escalera, ¿No te acuerdas?
De aquella, sí, nuestra víspera perenne,
nuestros sempiternos cajones de mudanza.

IV.

Penitencia

El peregrino no ahuyenta los ojos cuando aísla
la figura secreta del silencio, aquella forma
cifrada y ritual de su ausencia en el camino.

B Serraud

El peregrino no esconde la mirada
vacía de las cuencas ciegas, no se rompe
porque la risa suya no sea la de otros.
Una procesión de ciegos, de tullidos,
la marcha orate de los desaventurados hacia Dios.
Una procesión como un río que come y bebe,
que se avalanza ávido sobre los mendrugos de pan,
sobre la jarra que las manos
palpan en medio de la mesa, el tintineo
de las copas como la campanilla del rebaño.

Una fila de gestos, la marea negra de los rostros
clamando en el camino, clamando y bendiciendo
la jarra ciega que las manos
de una muchacha sustituyen si la sed
se hace prebenda o se hace urgente,
si la noche: Si la luz o si la noche, amigo mío,
es lo que repiten como un lema,
el santo y seña en las canciones de la culpa.

No más que su derecho, aducen: un derecho
ganado a pulso en lo perdido, en lo que no.

No más que unas monedas o unas horas
prestadas, la azarosa hospitalidad de los píos:
no más que alguna vida
prestada para ganar sus indulgencias,
robada la de alguien por la suya que no ha sido.

El penitente persigue sólo la carne, las ganas
perdidas de la juventud, incluso la ceguera
valiente y dolorosa que ahora es redención, que ahora
no puede ser sino redención
y mácula perdida, algo que devuelva de algún modo
el aliento de lo previo. El aliento previo, cantan,
a todo lo perdido, acólito rubor que ampare
como un biombo la cisterna donde flotan
los ahogados, donde campa su báculo de muerte.

Poco o nada, una menesterosa clemencia
por los otros, diría ella, la muchacha que trasiega
el vino bajando cada tanto la escalera
(lo que diría si alguno se atreviera a preguntarle).

Poco, nada: lo que compone lo perdido
no es cuestión de arribar a Compostela.
Menesterosa desidia, todas esas ganas
cayendo al punto donde su sentido se despeña
o se cumple en lo que adviene. El penitente,
en cambio, no vacila: rumbos de procesión,
de desfile, camaradas de ruta. El ciego atisba
volviendo la cabeza como si algo lo llamara,
como si algo, quién sabe qué, moviera el péndulo
que lo lanza hacia delante, que lo amarra
a la ansiedad de las manos en la mesa, los temblores

de quien se sabe ganado por el tiempo, los mendrugos
de Dios rodando como dados. La muchacha
de la venta sube y baja la escalera, sube y baja
en la risa trivial, en la marea de un olvido
que cree suyo cuando en cambio son los ciegos
los que cercan a Susana
los que guardan su aliento presentido como dádiva
que depositar como ofrenda ante los pórticos
mientras caen en la ruta las noches como piezas
de un ajedrez remoto, del cansancio o el fracaso
del mundo: lo que se rompe, dicen, se compone
y lo que estuvo roto al principio tiene su medida
y su discurso, el brindis por los pasos que no ven,
su contrapeso o su limosna cabal ante la muerte.

El apuntador

A medias casi siempre o es a tientas
en país del claroscuro:
sombra y luz como en un lienzo,
como en las fotos
que envejecerán recién cuando no estemos
para certificar su verdad, su lozanía
de frívola apariencia, de relato.
Tan triviales, entretanto en la gaveta
dicen nada, otro artificio
en luz de sí mismas, la de un día o la de otro
cualquier día, qué más da:
uno cualquiera que apuntale
el pacto del silencio, que prolongue
la función, su ensayo interminable
en la sala vacía adonde el público no acude
o donde acaso —se animan las actrices—
no se lo distinga de lo absorto, tan callado
aun cuando ahí esté, presto al aplauso
o durmiendo su hastío, su impaciencia
sumido en la penumbra: arrebujado
cada cual en su butaca aunque ninguna lo vea
ni aun dilatadas las pupilas. Vueltas sombra
o promesa desde la trampilla del proscenio
sus figuras, dicen, y la trampilla vuelta estrado,
hecha de sombra
y de susurros que mantengan viva
la memoria del libreto desde el borde

del escenario que siempre presupone
(ya se sabe) las lunetas, su atención
en espectros que lean el curso de los labios.

Así es la vista, a veces tan oscura,
tan parcial que sólo miente
casi siempre, que disfraza
lo menos con frecuencia su acicate.
Así es la vista, a veces mentirosa
y otras resplandor de ceguera, demasía
para quien no conoce plenitudes, ni es inmune
al dolor de la llama —los ojos siempre tan falaces
cuando no cobran su abismo repentino
(los ojos que no caen
a pleno si no se dilata su medida).

Nunca tardan, nunca permanecen: tan puntuales
los ojos cuando se asoman al barranco.
No traen consigo los arreos, la menestra del tiempo
siempre sucesiva, siempre
escorada a su presencia, siempre esquiva.
Ven lo que no es suyo, no adivinan
de no ser su nombre murmullo entre las hojas
o cuchicheo del apuntador —casi una orden,
la pautada conminación de un imposible:
un rimero de gestos dictando el parlamento
mudo, su estupor callado ante el espejo
y su estupor hecho ya vértigo, ya trizas en el salto.

El reparto de los naipes

Entonces será siempre el tiempo que no ha sido,
la añoranza tardía de los días postergados.
Entonces es una forma de quizás, una sombra
cuyo cuerpo no existe todavía. La fortuna
no acompaña al entonces entre los días
del presente, al entonces partido entre la niebla
siempre matutina cuando el día no amanece,
no transcurre. Una niebla que vela el tiempo,
una niebla que mantiene el tiempo congelado
hasta el sobrecogimiento pánico del último
día perdido, de la vejez o de la muerte.
Nadie va a contar tu muerte ni el día temprano
donde se selló aquel pacto oscuro de silencio:
No pasa nada, lo que pasa es lo que pasa y si he llegado
hasta aquí tengo que seguir, si he llegado hasta aquí debo
soportar lo que haga falta, buscar el dolor como un colirio
que me entumezca los ojos. No soy nadie. Mejor
la anestesia y la humillación y la renuncia, cualquier
cosa mejor antes que atreverme a ser yo misma.

Un pacto trazado, goteado con sangre sobre el suelo:
algo de lo que no se puede salir. Y nadie sabrá nunca
qué se cueza en el agujero negro del vacío, entre la pausa
terrible donde no estás, en que ya no: Ya si he llegado
hasta acá qué importa lo que venga, si no soy esto
qué más da seguir no siéndolo, venga cualquier cosa
con tal de creer que algo a su pesar me sobrevive:

lo que no me dejo decir, aquello negro donde habita
la que no soy y siempre me persigue. Algo que quede
como una costra pútrida que oculte lo que nombran
las palabras entre la voz que ya no sé ni reconozco
y que quizá no haya sido sino un soplo de otra vida.

De otra vida… un soplo de aire fresco, saber cómo
lo que pudo ser y que no es, en la boca el sabor
de la playa donde acudo sola, donde no puedo,
de saber cómo se saluda al vecino en la escalera.
Sólo por saberlo, un tanteo o una hipótesis,
el vértigo del viaje y el reposado vértigo de cómo
hubiera sido si. De cómo en otra vida sin el pacto,
y de cómo si aquello no estuviera, de sonreír cómo
viviendo en un baile de salón, la vuelta a Ítaca
porque el sacrificio antes de Troya sea más completo.

¡De otra vida remota! Qué más da si en otro tiempo
o de una que no ha llegado todavía, o de otra vida
para mí en el ahora, ¿eso qué importa? Si igual cómo
la iré a vivir si no soy nadie, si no merezco nada
salvo el castigo que alimente el pacto aquel antiguo
sellado soez con silencio siempre vivo en el pasado:
aquello que me sobrevive en esa noche, tan seguro
y sin retorno como una tumba segura o un suicidio.

Tan seguro como el cuerpo que ya no siento mío,
moneda de cambio para abrir el diálogo con nada:
partido, goteando sangre que suscriba bien la culpa,
que trabe la vergüenza del verdugo y de la víctima.
Seguro como las sonrisas de un vals, las pautas
de un juego de papeles ya marcados, naipes sucios.

Tan seguro como quince centímetros de hielo
cerrados sobre el agua, como el rostro cianótico,
el imposible, el rostro que no acompaña el cuerpo
el rostro lleno de piedras para guardar en el bolsillo
hasta el sobrecogimiento último del hielo que se cierra
y abajo las brazadas hacia la luz que alienta afuera
pero ya no para ti, cualquier entonces ya la sombra
de los peces helados, perdidos en invierno por el pacto
aquel tan seguro que los hará morirse bajo el agua,
helarse invisibles bajo el agua nadando ya hacia nada.

V.

Docena

Doce paréntesis esparcidos, doce nubes
a lo largo de la página. Una docena de gestos,
esa niebla
vaga de la incertidumbre, un titubeo
o una mancha de sombra –de desmedro, dije
alguna vez sin saber muy bien lo que nombraba–
como un borrón de algas que flotara bajo el agua.

Doce nombres partidos por la pausa
o la postergación de lo que adviene.

Como una docena de peces o de ostras
abiertas sobre un mostrador de metal
que refleja en la luz los colores del otoño.
En los colores, algo así fue lo que dije,
que refracta la luz cuando despide un día
que no volverá a ser de nuevo lo que era
ni volverá a repetirse, es decir, dije
(venga, seamos claros): cuando despide
la luz el día que ya ha sido, el tiempo abierto
en canal como los peces, ya cumplido
aun si fuera tardío su remedio o fuese otra
la forma que tuvo lo que era, una distinta
a la que le fue propicia o le fue dada.

Cuando despide, cuando parte ido
lo que no será de nuevo ni de vuelta

aun sin saber a fin de cuentas
en la voz vacilante que interrumpe el curso
de la página que esa luz seguirá siendo
únicamente lo que entonces, sus colores
y el tenor de lo que bien pudo, tanto da
que haya sido o que no. De lo que pudo
siempre haberse respirado a cielo abierto.

Aun cuando se quede fijo como un clavo
en la pared de la carne, un agujero
que atraviesa el eco como un túnel.

Aun cuando nadie venga a rescatarlo,
nada sino el eco
extraño y turbio del pasado cuando calla:
el eco de esa luz sobre los peces,
luz perdida sobre nada, luz ganándose la ausencia
a medida que el telón de la tarde se desploma.

Una docena de puntos en la página,
suspendidos en las horas como la cifra
romana en los relojes, la cifra entrecortada
de una vida en la renuncia de un jadeo,
en la respiración prestada que por doce
veces va nombrando, que recurre
en la moratoria del presente y titubea
en las horas y los días como un péndulo
sin pausa y siempre ajeno, una presión
—dije también pero ya no me escuchaba—
de plomo en los pulmones y aun entonces
la duda, la deuda, su desmedro
como si aun cupiera la duda en su estertor.

Las barcas

A qué ahora la duda, a qué su sombra
cuando el bosque es una sombra
que cobija desde siempre, cuando el bosque
es el trecho que abriga allende las ventanas,
cuando el tiempo
apuntala de siempre las certezas, cuando corre.

A qué decir ahora lo que no tiene un nombre,
ni mentar las tardes donde todo encaja
como el pasado en un relato. Nada encaja
si no fuera en aquel sortilegio breve,
mentido del Entonces, el instante aquél
donde cabe todo narrado por el sueño, entretejido
por sobre los días como una cesta que oculta y que revela.

¡Una cesta pálida de mimbres, un recipiente
vacío donde recoger el serrín del tiempo!

Una cesta o una red, una tela de arañas laboriosas
que urden ellas mismas la trampa en la que viven.
Y donde todo cabe, sí. Tanteo y anestesia, la cuota del dolor:
la dosis imprecisa del qué se puede, de quién soy y si soy
yo la que amas: cómo puedes si yo. Cómo puedes, si mira,
cómo lo vas a entender. Dónde acuden, si no entonces
las cuitas del A ver. Dónde amanece, adónde y cuándo
parten si es que parten, las barcas: a qué recalan,
en cuál noche y cuánto y dónde quepa

en esa noche, bajo el puerto oscuro donde esperan
las barcas el momento del adiós, zarpar, levar el ancla:
adónde, si allá lejos, las barcas, sus fanales
breves sobre el lago ya retornan, ya comienzan
su vuelta breve como un pájaro que cae,
y ya se alejan, ya mienten su contento o su agonía
resignada, la agonía pueril de los adioses.

La escucha

Quien escucha mitiga titubeos

B. Serraud

No hay por qué borrarse el rostro contra el muro
auscultando en el dolor la voz que se te pierde.

No hay por qué, ni hay otro tiempo que no sea el que vives.
No hay sino lo que hay, la presencia ante el espejo
y la voz que te susurra dentro el cuerpo, aquella cuyo timbre
se te escapa porque la voz propia siempre suena extraña.

II.
No hay sino lo que busca el rostro cuando habla.
Y las palabras veraces o baldías, que transcurren
en presente, como siempre: transcurren las palabras
a horcajadas siempre en la voz que las pronuncia.

III.
Ésa misma y que es la única de uno, siempre tan ajena
que parece de otro si la escuchas. Ésa misma
que parece de otro tiempo, que se afantasma si la buscas
en los años remotos donde no la hubo, o en los años
que no han llegado o que están lejos, el momento
pospuesto y dilatado, presente sólo entretanto que no cuaja:
el momento tan distinto del instante en que por fin
alcancen las palabras el tiempo del ahora, que es el único
tiempo que hay, aun el único si el eco todavía las duplica:

el único tiempo donde habitan aun cuando se pierdan
sin sentido en el rostro que se arranca, carne y hueso,
todavía los rasgos contra la aspereza de la piedra
frotándose los dos lados de la cara, en fragor mudo
por ver de dónde llegan o si llegan, por creerse
que las sostiene una música en vez de lo que son.

IV.

El rostro que se oculta por no ver cómo se pierde
rodando el imposible de su ahora en tiempo ciego.

El rostro que se oculta porque cómo
mostrarlo sin la huella del esfuerzo, cómo hacerse
voz ante el espejo con la cara del ahora, cómo hacerlo.

V.

El rostro que no identifica su voz allí donde no estaba
ni en lo que podría quizá llegar a ser, aquellos predios
de tiempo donde sencillamente no existe ni se escucha.
¡En el único tiempo que no existe, el que se desdibuja
fundiéndose en la tierra, mutilado en ordalía
como las líneas de aquel rostro a la escucha del rumor
por negarse a lo que dicen buscando cómo suena
lo que no traerá de lejos la tierra, de abajo o de otro siglo!

VI.

No hay por qué, ni hay otro tiempo que no sea el que vives.
Y ése será el único, la casa misma o el lugar de donde atisbe
auscultando todavía los muros quien escucha
ahora el timbre de la voz que se le pierde,
de la voz que vacía de palabras ya no existe.

VII.

Y será ése el único, el momento eternizado sin ahora
o ahora perentorio en el limbo de un muro de sonidos
imprecisos, de una muralla de sonidos confundidos
con el rumor de la piedra, con el ruido del pasado
o el viento del quizá, el silbido frívolo y triste del acaso.
Sólo eso hasta que por fin advengan si es que arriban,
si queda rostro y cuerpo para verlos, los instantes
donde se pronuncien claras, en que hablen por sí mismas
en la voz cuyo timbre habitará siempre en el misterio:
lo que las palabras acarrean, lo que nombran, lo que está
en las palabras es lo cierto, no el sonido donde cobran
cuerpo prestado en medio del estruendo: no la sombra
ni el hálito que las sostiene a veces al borde del desmayo.

Longinos

And what the dead had no speech for, when living,
They can tell you, being dead: the communication
Of the dead is tongued with fire beyond the lan-
guage of the living.

T. S. Eliot

Atada a la piedra la lanza es sólo el chorro
de sangre y agua bautismal, la vista recobrada
cuando el corazón se rompe en dos pedazos
en el gesto, entre la turba, bajo el olvido del fin:
Sí, que está ya muerto, mirad. Lo hice a sabiendas.
O por lástima. O porque algo me ordenaba
que buscara medio ciego el perdón para los otros.
Lo he atravesado. El Mesías está muerto
y puedo confirmarlo: era en verdad hijo de Dios.
O de veras parecía, así desfallecido. A qué sufrir
si ya, fijaos, está sin duda muerto: el pecho abierto
y no hay pulso en las muñecas ni en el cuello.
Y ahora veo lo que antes no podía. Ahora no sé
ni qué necesito, ahora corren a través de mí
las palabras de otro como un ventrílocuo perdido
por las encrucijadas de Césarea. Predico la verdad
del Mesías por la tierra yerma de Capadocia
buscando que me maten, buscando mi suplicio
y mi castigo. Ahora veo lo que no podía entonces,
ahora que es ya después, que siempre será luego.

Si todo hubiera sido diferente no sería el que soy.

Si todo hubiera sido diferente sería el que no soy,
tan simple todo. Y es insoportable cuando el sueño
no llega o se convierte en pesadilla del martirio
pero es así de simple, tan simple y duro como el fin
o la carne traspasada hasta el corazón que ya no late.

Y los pupilos que se agolpan. Avanzan a codazos
por hacerse espacio junto al mártir, por palpar
de cerca mi santidad. Y me siguen como perros fieles
o como si yo fuera un santo, sí. Pero los pupilos
susurran cuando se alejan, susurran quedos entre ellos
cuando no los puedo escuchar: ¡Pero si él lo sabía!
¡Pero si lo sabía mejor que nadie! ¡Pero si dijo
entonces que de siempre lo había sabido! Pero,
y he ahí la historia de mi vida… Pero si el tiempo
que resta para él, dicen, es sólo el del fin, lo que queda
hasta el fin que sobreviene, el ya sabido,
hasta el final que conjura cuando miente.

Pero si sabe lo que quiere, dicen los discípulos
en corro cuando tratan de entender. Pero por qué,
entonces, y ahí se pierden, ahí los párpados
se les quedan entornados o el miedo se los cierra.
Callan y se adentran en la oscuridad y avanzan
dando palos de ciego en la oscuridad, se adentran
haciendo conjeturas en el abismo. Conjeturas fútiles
sobre el porqué del abismo. Sobre porqué yo, si yo.
Como si les faltara algo todavía por mirar, alguna
clave de lo que quiero y lo que no, algo que cierre
todavía la pregunta, algo que explique o que restañe.
Y ya no sé lo que quiero. El dolor tal vez, el final.
Cuando el dolor lo llena todo ya se puede no querer,

si lo es todo el dolor resta sólo esperar a que acabe,
a que de una vez termine lo que empezó para creerse
que se podía soportar lo que fuera con tal de seguir vivo
con tal de que nadie preguntara los motivos, ni supiera,
con tal que no te pillen, de que el dolor duela, de que no
haya más verdad sino ésa, la que sustenta a solas
la vocación del martirio para creerse en la verdad,
para caminar entre las llamas como si no pasara nada.

Y yo sonrío. O algo sonríe a través mío, no sé ya
si una trampa o un instrumento, una herramienta,
si un demonio o el mal mismo que precisa
del castigo para seguir carcomiéndome la carne.

Algo que suplanta mi mano y me devuelve la ceguera
como la sangre del Mesías la visión; algo que justifique
los designios oscuros de la providencia, del relato
aunque sea en la sonrisa torcida que me romperá
uno a uno los dientes, los contornos de la boca.
O sea, dicen: una herramienta del dolor. Los verdugos
ahora del gobernador que blanden barras de hierro
para quebrarme los dientes, mis verdugos que se agolpan
como en corro mis pupilos. Y yo que les mostré el demonio:
Si ya está vivo de nuevo, mirad, ya apareció. Si ya
se revuelve dentro mío y puedo confirmarlo, ya su rostro
os anuncia la posesión de la que sólo el dolor, el mío,
de la que sólo mi decapitación los salvará. Me salvaría:
únicamente la muerte resultará en milagro
para salvar del mal a los infieles. Los pupilos
me persiguen como si fuera un santo o una víctima,
me adoran o me odian y me lloran, me creen y susurran
entre los caminos de Césarea todo lo que pueden

decirse para no llorar, para no temer que su destino
sea también empapar de agua y de sangre la cabeza
del que ordenó mi suplicio, su bautismo. Los pupilos
se iluminan a plazos, transcurren en las horas
como pasó la vida que no alcancé, como la vida
que se escapa a borbotones entre los demonios
que ahuyenta desde el polvo mi cabeza, sombras
que el charco donde abrevan sangre espanta ahora.

Y luego me olvidarán, uno a uno. Luego a ellos
el miedo se les vestirá de presencias que atormenten
a los esbirros de Dios, a los buenos de Dios, a las almas
de Dios, las buenas almas que no saben lo que pasa
y hacen como si no pasara nada mientras todo
corre a su final, mientras todo se embarra del cieno
imposible de los ríos que llevan al olvido, de su costra
y se embarra del agua y de la sangre, de palabras
musitadas a la vera del camino, de secretos mascullados
alejándose hacia casa, sin que sepan nunca qué pensar
ni cómo, cuánto escuece la lanza entre las manos.

VI.

Ficta confessio

Pedestal marcado a piedra y devenido
asombro y acordeón, su indumentaria
secreta para los días que anticipan el del juicio
(ausente del juicio en el continuo, disculpada
su presencia porque en lo abierto no hay estrado).
Y roza nada la sombra en los pedazos
vacíos, los fragmentos de la vida entrecortada.
Roza nada la piel, las palabras
que en olvido la entumecen o la entume
la mera pesadilla, sombra sola
de la muerte, habías dicho… ¡olvida esas palabras!

Animales dormidos, transidas criaturas en reposo
como en herbarios, muestrarios de un zoológico:
Linneo disuelto en lo sin nombre,
lo sin más aparente
sin la medida de las cosas en el aire.
Los vasos se trasiegan, agua que los limpia
una y otra vez a la cocina,
¿No escuchas, dijo, su sordo tintineo?
¿Ni lo que escurren, el agua que gotea?

Un ruido que no está, como la penumbra
sin luz que los ojos reconocen paulatinos
en una habitación a oscuras, los ojos
extraños y propios más que nunca,
dilatadas las pupilas sin aquella

luz que extrañan entonces o les falta a veces,
las pupilas sin la luz que inventa
y traza los contornos, que precisa.
Déjame seguir el placer de la memoria,
de los segundos dormidos donde el sueño
se confunde y se desliza hasta el ahora.

Déjame sin palabras, sin la marca
que sostiene las cosas sobre el continuo del mundo,
que diferencia las cosas
entre el abismo del mundo y el latido
abierto del hurón o de la abeja,
del animal que (cuando solo) únicamente
se siente ser a sí mismo ante su muerte
en el segundo anterior y completo en que se pliegan
lo abierto y lo pautado en las palabras
como un paño en dobleces sucesivos
donde la extensión las exonera:
una sábana doblada a dos cuando no hay nadie,
recogida
lavada a piedra bajo las memorias
traspuestas de la especie, ese algodón ligero
bajo el sol de agosto, el blanco en la pradera
como la rendición que de lejos se divisa
(la pupila precisa y contraída, luz en calma)
o la trampa nocturna que atrae los insectos
al pabellón del blanco, lo que late ciego
sin más ritmo que el del pálpito que cesa:
un latido sin nada que repita, sin su eco
para morir o para volverse uno con lo abierto.

Los días reales

Un lugar en el tiempo, entre las islas
como un puente: un gran puente dividido
en artilugios colgantes,
en puentes pequeños que atraviesan
en bamboleo las marismas, el agua
que sube y baja en las mareas.

Un lugar en el tiempo
de la vida, un sitio abierto
donde quedarse sin miedo, donde acudan
los peces a la mano. El sitio aquél
donde más que llegar se está con la certeza
de haber vuelto siempre adonde luego

después de cruzar todos los puentes,
de haber atravesado en equilibrio
desfiladeros sobre el abismo: los espigones
que no conducen a parte alguna, los ríos
que desembocan siempre en la mar como los ríos
han venido haciendo desde siempre.

Un sitio en el tiempo donde el tiempo
esté hecho de los días sin ausencia, los días reales,
la paz del sueño hecho uno con el cuerpo
propio: con la piel y los huesos y la carne
del ritmo que alimenta las mareas, el ritmo
preciso de las noches y los días de tu vida.

La lectura

Mit allen Augen sieht die Kreatur
das Offene.

R M Rilke

No pienso en los días que recorren tardos
la sombra y su séquito, las damas de la cara velada
con sus doncellas alistadas para el miedo.

No pienso siquiera en los días donde estuvo lejos
ni en los días remotos donde nadie se conoce,
las horas con siluetas desnudas que desandan
los pasillos rumbo a las duchas o camino de las cámaras
del fin, o escoradas al sueño o camino a ninguna parte.
Me refiero a otra cosa (no pienso siquiera en nombres
olvidados, en los nombres que no dicen nada cuando callan)
y tampoco sé bien si leer esto te cueste demasiado,
invite al ruido o convoque acaso el ruedo, la fiesta bárbara
donde el animal y la ceremonia juegan con su muerte
y la expectativa de la muerte o del aplauso
colma de un aliento ajeno el espectáculo.

Me refiero a otra cosa, a un ánimo distinto
que no pertenece al juicio ni al aplauso, pienso
en ti y en mí si eso cabe decirlo sobre las horas
del tiempo, sobre las aguas del río que se detiene a veces
o se despeña o se enreda en remolinos pero fluye
igual a sí mismo desde algún sitio hasta el mar

que es lo que suelen: Lo que toca, mascullan las doncellas
de la dama velada cuando echan un vistazo, si bien
no hablaré de ellas ahora: que se queden con lo suyo,
que se ganen —allá ellas— el pan sorbiendo adioses,
la médula podrida de los huesos, farfullando
porque aquí no pintan nada. Me refiero a otra cosa.

Pienso en el río ése que es como todos y ninguno
y barrunto lo que flota sobre el agua y se sumerge
y en la boca abierta, la bocanada de aire con los ojos
cerrados, el cuerpo hecho figura en la corriente
que mece los días y de cuando en cuando los detiene
o los aparta o los protege o los expone a la mirada
y me dejo pensar también, aunque no sepa
en la memoria o lo sabido que a veces sobreviene
como si llegara de otro tiempo o de otra vida
y en ti y en mí, en la medida de los días, la piel húmeda
los ojos y la boca respirando a la intemperie
despiertos entre las sábanas de casa, escribiendo
entre los dos, a cuatro manos cuatro piernas cuatro
décadas este mismo poema que ahora al menos
será en presente lo que lees, a todo eso tan sencillo
que se entrevera terso con la piel, lo que se abre.

Catálogo Bokeh

Abreu, Juan (2017): *El pájaro*. Leiden: Bokeh.

Aguilera, Carlos A. (2016): *Asia Menor*. Leiden: Bokeh.

— (2017): *Teoría del alma china*. Leiden: Bokeh.

Aguilera, Carlos A. & Morejón Arnaiz, Idalia (eds.) (2017): *Escenas del yo flotante. Cuba: escrituras autobiográficas*. Leiden: Bokeh.

Alabau, Magali (2017): *Ir y venir. Poesía reunida 1986-2016*. Leiden: Bokeh.

Alcides, Rafael (2016): *Nadie*. Leiden: Bokeh.

Andrade, Orlando (2015): *La diáspora (2984)*. Leiden: Bokeh.

Armand, Octavio (2016): *Concierto para delinquir*. Leiden: Bokeh.

— (2016): *Horizontes de juguete*. Leiden: Bokeh.

— (2016): *origami*. Leiden: Bokeh.

— (2018): *El lugar de la mancha*. Leiden: Bokeh.

— (2018): *Superficies*. Leiden: Bokeh.

Aroche, Rito Ramón (2016): *Límites de alcanía*. Leiden: Bokeh.

Blanco, María Elena (2016): *Botín. Antología personal 1986-2016*. Leiden: Bokeh.

Caballero, Atilio (2016): *Rosso lombardo*. Leiden: Bokeh.

— (2018): *Luz de gas*. Leiden: Bokeh.

Calderón, Damaris (2017): *Entresijo*. Leiden: Bokeh.

Castaños, Diana (2019): *Yo sé por qué bala la oveja mansa*. Leiden: Bokeh

Columbié, Ena (2019): *Piedra*. Leiden: Bokeh.

Conte, Rafael & Capmany, José M. (2018): *Guerra de razas. Negros contra blancos en Cuba*. Leiden: Bokeh, colección Mal de archivo.

Díaz de Villegas, Néstor (2015): *Buscar la lengua. Poesía reunida 1975-2015*. Leiden: Bokeh.

— (2015): *Cubano, demasiado cubano. Escritos de transvaloración cultural.* Leiden: Bokeh.

— (2017): *Sabbat Gigante. Libro primero: Hojas de Rábano.* Leiden: Bokeh.

— (2018): *Sabbat Gigante. Libro segundo: Saigón.* Leiden: Bokeh.

— (2018): *Sabbat Gigante. Libro Tercero: Rumpite Libro.* Leiden: Bokeh.

Díaz Mantilla, Daniel (2016): *El salvaje placer de explorar.* Leiden: Bokeh.

Fernández Fe, Gerardo (2015): *La falacia.* Leiden: Bokeh.

— (2015): *Notas al total.* Leiden: Bokeh.

Fernández Larrea, Abel (2015): *Buenos días, Sarajevo.* Leiden: Bokeh.

— (2015): *El fin de la inocencia.* Leiden: Bokeh.

Ferrer, Jorge (2016): *Minimal Bildung. Veintinueve escenas para una novela sobre la inercia y el olvido.* Leiden: Bokeh.

Gala, Marcial (2017): *Un extraño pájaro de ala azul.* Leiden: Bokeh.

Garbatzky, Irina (2016): *Casa en el agua.* Leiden: Bokeh.

García, Gelsys (2016): *La Revolución y sus perros.* Leiden: Bokeh.

García, Gelsys (ed.) (2017): *Anuncia Freud a María. Cartografía bíblica del teatro cubano.* Leiden: Bokeh.

García Obregón, Omar (2018): *Fronteras: ¿el azar infinito?* Leiden: Bokeh.

Garrandés, Alberto (2015): *Las nubes en el agua.* Leiden: Bokeh.

Gutiérrez Coto, Amauri (2017): *A las puertas de Esmirna.* Leiden: Bokeh.

Gómez Castellano, Irene (2015): *Natación.* Leiden: Bokeh.

Harding Davis, Richard (2019): *Notes of a War Correspondent.* Leiden: Bokeh, colección Mal de archivo.

Hernández Busto, Ernesto (2016): *La sombra en el espejo. Versiones japonesas.* Leiden: Bokeh.

— (2016): *Muda*. Leiden: Bokeh.

— (2017): *Inventario de saldos. Ensayos cubanos*. Leiden: Bokeh.

HONDAL, Ramón (2019): *Apuntes sobre Weyler*. Leiden: Bokeh.

HURTADO, Orestes (2016): *El placer y el sereno*. Leiden: Bokeh.

JESÚS, Pedro de (2017): *La vida apenas*. Leiden: Bokeh.

KOZER, José (2015): *Bajo este cien*. Leiden: Bokeh.

— (2015): *Principio de realidad*. Leiden: Bokeh.

LAGE, Jorge Enrique (2015): *Vultureffect*. Leiden: Bokeh.

LAMAR SCHWEYER, Alberto (2018): *Ensayos sobre poética y política. Edición y prólogo de Gerardo Muñoz*. Leiden: Bokeh, colección Mal de archivo.

LUKIĆ, Neva (2018): *Endless Endings*. Leiden: Bokeh.

MARQUÉS DE ARMAS, Pedro (2015): *Óbitos*. Leiden: Bokeh.

MIRANDA, Michael H. (2017): *Asilo en Brazos Valley*. Leiden: Bokeh.

MORALES, Osdany (2015): *El pasado es un pueblo solitario*. Leiden: Bokeh.

MOREJÓN ARNAIZ, Idalia (2018): *Una artista del hombre*. Leiden: Bokeh.

MÉNDEZ ALPÍZAR, L. Santiago (2016): *Punto negro*. Leiden: Bokeh.

PADILLA, Damián (2016): *Phana*. Leiden: Bokeh.

PEREIRA, Manuel (2015): *Insolación*. Leiden: Bokeh.

PONTE, Antonio José (2017): *Cuentos de todas partes del Imperio*. Leiden: Bokeh.

— (2018): *Contrabando de sombras*. Leiden: Bokeh.

PORTELA, Ena Lucía (2016): *El pájaro: pincel y tinta china*. Leiden: Bokeh.

— (2016): *La sombra del caminante*. Leiden: Bokeh.

PÉREZ CINO, Waldo (2015): *Aledaños de partida*. Leiden: Bokeh.

— (2015): *El amolador*. Leiden: Bokeh.

— (2015): *La isla y la tribu*. Leiden: Bokeh.

— (2018): *El puente sobre el río cuál*. Leiden: Bokeh.

Quintero Herencia, Juan Carlos (2016): *El cuerpo del milagro.* Leiden: Bokeh.

Rodríguez, Reina María (2016): *El piano.* Leiden: Bokeh.

— (2018): *Poemas de navidad.* Leiden: Bokeh.

Rodríguez Iglesias, Legna (2015): *Hilo + Hilo.* Leiden: Bokeh.

— (2015): *Las analfabetas.* Leiden: Bokeh.

Saunders, Rogelio (2016): *Crónica del decimotercero.* Leiden: Bokeh.

Starke, Úrsula (2016): *Prótesis. Escrituras 2007-2015.* Leiden: Bokeh.

Sánchez Mejías, Rolando (2016): *Mecánica celeste. Cálculo de lindes 1986-2015.* Leiden: Bokeh.

Timmer, Nanne (2018): *Logopedia.* Leiden: Bokeh.

Valdés Zamora, Armando (2017): *La siesta de los dioses.* Leiden: Bokeh.

Vega Serova, Anna Lidia (2018): *Anima fatua.* Leiden: Bokeh.

Villaverde, Fernando (2016): *La irresistible caída del muro de Berlín.* Leiden: Bokeh.

— (2016): *Los labios pintados de Diderot.* Leiden: Bokeh.

Winter, Enrique (2016): *Lengua de señas.* Leiden: Bokeh.

Wittner, Laura (2016): *Jueves, noche. Antología personal 1996-2016.* Leiden: Bokeh.

Zequeira, Rafael (2017): *El winchester de Durero.* Leiden: Bokeh.

www.ingramcontent.com/pod-product-compliance
Lightning Source LLC
Chambersburg PA
CBHW022025080426
42733CB00007B/736